PETIT DISCOURS

AUX HABITANTS DE MON VILLAGE

SUR LA CANDIDATURE

DE M. LOUIS BONAPARTE

A LA PRÉSIDENCE DE LA RÉPUBLIQUE.

Prix : 5 centimes.

PARIS

MARTINON, RUE DU COQ SAINT-HONORÉ, 5

1848

Peris.— Imprimé par Plon frères, rue de Vaugirard, 36.

PETIT DISCOURS

AUX HABITANTS DE MON VILLAGE

SUR LA CANDIDATURE

DE M. LOUIS BONAPARTE

A LA PRÉSIDENCE DE LA RÉPUBLIQUE.

PETIT DISCOURS

HABITANTS DE MON VILLAGE.

J'aime Napoléon tout comme un autre; et, de même que vous, mon voisin, j'ai son buste dans ma grande salle. Je l'ai servi depuis le camp de Boulogne jusqu'à Fontainebleau, et ce n'est qu'après ce temps-là que je suis venu ici prendre le moulin de mon père. En le servant, je servais la France, que nous devons aimer par-dessus tout; car, enfin, la France, c'est notre maison, notre champ, notre famille, notre nourrice, et comme qui dirait notre mère elle-même.

Autres temps, autres mœurs. M'est avis qu'à cette heure ce n'est plus la guerre qu'il nous faut; et cependant on en parle. A cause de mon état, j'ai, comme on dit, l'œil chez nous et l'oreille à la ville. A la ville, donc, il est question que ceux qui voudront que la France se batte nommeront M. Louis Bonaparte président de la République.

M. Louis Bonaparte est né d'Hortense Beauharnais, mariée à l'ex-roi de Hollande, qui était un des frères de l'empereur.

Le cœur ne m'a jamais rien dit pour les frères de l'empereur. Ce sont, en partie, eux qui l'ont perdu. Ambitieux, incapables et ingrats, les voilà en trois mots ; demandez à vos anciens, ils sont tous d'accord là-dessus. Napoléon, lui-même, a dit à Sainte-Hélène : « Il est » sûr que j'ai été peu secondé des miens, et » qu'ils ont fait bien du mal à moi et à la grande » cause. »

Le plus coupable, ce fut justement cet ex-roi de Hollande, le père de M. Louis Bonaparte. Voici, à son sujet, les propres paroles de l'empereur : « Dès son arrivée en Hollande, mon » frère se livra au parti anglais, et se mit en » rapport avec mes ennemis. » A ce jugement porté par le grand homme dans son exil, mes lectures me permettent d'ajouter ce qu'au plus fort de sa gloire il avait dit à ce même frère : « En vous mettant sur le trône de Hollande,

» j'avais cru y placer un citoyen français, aussi
» dévoué à la grandeur de la France et aussi
» jaloux que moi de ce qui intéresse la mère-
» patrie; mais vous avez tout fait pour vous
» persuader que vous étiez Hollandais. Les Hol-
» landais qui inclinaient pour la France ont été
» persécutés; les Français ont été chassés, dé-
» considérés, et j'ai eu la douleur de voir en
» Hollande, sous un prince de mon sang, le nom
» français exposé à la honte. » Croyez-vous
que le prince fût touché de ces remontrances?
Point du tout. Il publia une violente protesta-
tion contre l'empereur, et, sans la résistance de
ses ministres, qui valaient mieux que lui, il
nous faisait la guerre à la suite des Anglais.
Mais l'empereur, lui, que fit-il? Il pleura! il
pleura et il dit : « Conçoit-on une malveillance
» aussi noire de la part du frère qui me doit le
» plus? Quand j'étais lieutenant d'artillerie, je
» l'élevais sur ma solde, je partageais mon pain
» avec lui, et voilà ce qu'il me fait! » Est-ce
tout? Pas encore. Dans les Cent-Jours, l'ex-roi
de Hollande voulut mettre à son retour auprès
de l'empereur des conditions outrageantes.
Pour dernier crime, il écrivit en 1820 contre
son glorieux et infortuné frère un libelle diffa-
matoire. « Je lui pardonne, dit Napoléon dans

» son testament, ses assertions mensongères et
» ses pièces falsifiées. »

Qu'un mourant pardonne, et surtout un mourant comme celui-là, je n'y vois rien à redire. Mais nous, les soldats de son règne et les gardiens de sa mémoire, insulterons-nous à notre admiration par un oubli scandaleux de ce qui attrista le plus les derniers jours de l'exilé ? Nous qui n'en sommes pas encore à faire notre testament, Dieu merci ! serons-nous si indignes que de reconnaître par l'élévation du fils le mal que le père nous a fait ? J'imagine que Napoléon lui-même ne se doutait guère qu'un jour la descendance de l'ex-roi de Hollande oserait nous demander un trône.

Il faut un peu que je vous dise ce que c'est que M. Louis Bonaparte, à moins que vous ne préfériez acheter chat en poche ? Alors je me tais, et, ma foi ! tant pis pour vous si vous tombez de la poêle à la braise ! Mais aussi tant pis pour moi ! et, s'il faut que je le confesse, j'aime assez à dormir sur les deux oreilles.

M. Louis Bonaparte a tout à l'heure quarante et un ans. On ne les lui donnerait pas pour la raison. Mais il y a des hochets pour tous les âges : au sien, c'est une couronne qu'il faut.

M. Louis Bonaparte n'a pas été élevé en

France, et de nos besoins il ne sait pas le premier mot. En revanche, il connaît la Suisse, où il a été bourgeois, et l'Angleterre, où il passait pour un faraud.

Il n'a pas beaucoup étudié, mais il danse très-bien; et les passagers de Douvres à Boulogne assurent qu'il lève le coude jusqu'à toute extrémité. On a beau dire qu'il a mis de l'eau dans son vin; je dis que qui a bu boira.

Il a voulu nous envahir deux fois; il a tiré sur un officier, blessé un soldat, fait condamner quelques pauvres hommes, et échoué honteusement dans sa double tentative; il a obtenu sa grâce du roi Louis-Philippe, et il a rejoué sa ridicule et odieuse comédie après avoir juré sa parole d'honneur qu'il ne la jouerait plus.

Les gens qui l'entourent viennent on ne sait d'où. Ils ont été ses compagnons de jeu et de plaisir; ils pensent bien être ses conseillers d'État. Ce sera la cour du roi Pétaud: chacun y sera maître.

A Londres, il était bien vu des demoiselles de théâtre, et cela donne à penser. D'aucuns disent que nous allons peut-être voir le règne de Cotillon II. Vous savez par votre histoire de France que Cotillon Ier était la maîtresse du roi

Louis **XV**, lequel vécut si fort d'amour qu'il en est trépassé.

M. Louis Bonaparte est monté deux fois à la tribune des représentants, et l'on peut dire qu'il y serait resté court, si l'on n'avait écrit pour lui sur un morceau de papier une dizaine de lignes qu'il a épelées de son mieux.

Voilà l'homme, *ecce homo !* comme dit M. le curé. Et à la ville, ils prétendent que nous allons nommer cet homme-là ! Le paysan est bon enfant, se disent-ils ; il croit qu'avec M. Louis Bonaparte les alouettes vont lui tomber toutes rôties et que les poires vont pendre aux ormeaux.

Oui-dà ! vous nous prenez pour d'autres, et nous avons fait un plus grand chemin que vous ne pensez. C'est plutôt vous, fiers citadins, qui vous jetez comme des étourneaux à la tête du premier venu ! Si on réfléchit quelque part, c'est dans nos villages ; et si on ne parle qu'a-près avoir tourné la langue sept fois dans sa bouche, c'est encore chez nous. Quand nous entendons sonner la grosse cloche, nous demandons pour qui, et si celui à qui on veut faire fête n'est pas de notre paroisse, les caril-lonneurs perdent leur peine. Ce n'est plus le temps de donner des verges pour nous faire fouetter, et nous ne nous laisserons plus manger la laine sur le dos.

Pour moi, mes amis, je ne crois pas que M. Louis Bonaparte fasse venir l'eau à mon moulin. D'après ce que je sais de lui, je n'en attends rien de bon. Au contraire.

Et d'abord, qu'est-ce qu'il nous faut?

De l'ordre dans nos finances.

On ne peut pas espérer cela d'un homme qui a toujours brûlé sa chandelle par les deux bouts.

Qu'est-ce qu'il nous faut ensuite?

Une large assistance pour ceux qui souffrent.

Ne la demandons pas à M. Louis Bonaparte : il a mangé tout son bien en herbe.

Quoi encore?

La diminution des impôts.

Le prétendant en fera la promesse; mais cette promesse, il ne la tiendra pas, il ne pourra la tenir. Il a pour flatteurs des hommes à bout de ressources; il a une famille besogneuse; il aura des chambellans, des gardes du corps, des pages, un train d'enfer. Il a l'habitude du plaisir, il n'y renoncera pas. Il aime la table, il l'aimera toujours. Et les demoiselles qui se plaisent à rire, elles ne rient pas cependant pour rien. Qui est-ce qui payera tout cela?

Nous avons besoin d'ordre.

Est-ce M. Louis Bonaparte qui nous le donnera? Mais, à ce propos, on sait de quel bois il se chauffe. L'aventure de Boulogne et l'aventure de Strasbourg sont venues jusqu'à nous. Il n'a pas tenu à lui que par deux fois la guerre civile n'ensanglantât la France. Le double exemple qu'il a donné serait suivi, je le sais de bonne source. Les socialistes, les communistes, les partageux, comme nous les appelons justement, se tiennent tout prêts pour le jour où il serait élu président. A feu, à sang et à sac, voilà les trois mots d'ordre. La capitale, les villes des départements et nos campagnes seraient frappées du même coup. Les hommes du partage se sont distribués sur tous les points du territoire, et ils n'attendent que la nomination de M. Louis Bonaparte pour sortir à la fois des ténèbres où ils se cachent. Je vous dis que cela est certain, que je le sais comme si je le voyais, et que le prétendant est moins capable que moi d'arrêter ces voleurs. Est-ce qu'il saura disposer de la force publique? La connaît-il? En est-il connu? Depuis combien de temps est-il en France? Qu'est-ce qu'il y a fait de beau et de bon, depuis qu'une faveur de l'Assemblée nationale l'y a rappelé? On ne l'a encore vu que dans les théâtres, et on ne connaît de lui que la façon peu impériale dont il lorgne les danseuses.

La paix extérieure est aussi le besoin de notre époque, et avec M. Louis Bonaparte elle est impossible. Comme je vous le disais, on le sait bien en ville, et on y parle déjà de la guerre comme si elle était aux portes. Dans le cas, s'entend, où le fils de l'ex-roi de Hollande serait élu.

Bien sûr que Napoléon ne la ferait plus, lui, s'il revenait au monde. Mais son neveu, c'est différent : il n'a que cela pour vivre. Lorsqu'on ne sait rien de rien et qu'on veut avoir l'air de savoir quelque chose, on lève une armée dans nos campagnes, on se croise les bras, et on regarde cent mille fils de laboureurs qui se battent pour un homme. Quelques-uns en reviennent comme j'en suis revenu, un plus grand nombre y laissent leurs os. Si encore c'était pour défendre nos foyers ! Mais personne ne les menace. Si c'était pour venger un outrage ! Mais personne ne songe à nous insulter. Si c'était pour protéger une nation amie ! Mais notre intervention pacifique l'assiste plus sûrement que nos armes.

Et, malgré cela, nous aurons la guerre. Dût-

il faire une sottise tout exprès, M. Louis Bonaparte la fera pour avoir un prétexte d'entrer en
bataille. On est si sûr de cela à Paris que der-
nièrement, comme j'y allais porter mes farines
et comme je demandais à un de mes amis pourquoi les fonds baissaient si fort, il me répondit :
« Les courtisans de M. Louis Bonaparte prétendent que les campagnes le porteront à la
présidence, et comme, dans ce cas-là, nous
aurions tout à la fois la guerre civile et la
guerre étrangère, l'argent s'épouvante et se
cache. »

Et quand il aura cherché une querelle d'alle-
mand à je ne sais quel peuple jusque-là notre
ami, quand il aura bien fait battre nos enfants
contre les enfants d'une autre nation notre
alliée, où sera la victoire ? Pouvez-vous me ré-
pondre qu'elle sera avec nous ? Et ce qui nous
en reviendra, voulez-vous me le dire ? J'ai
comme une idée, moi, que le profit, en sup-
posant qu'il y en ait, ne compensera pas la
centième partie des pertes que nous auront fait
éprouver pendant ce temps-là les socialistes, les
communistes et les partageux.

Ah ! le biau temps, comme on dit cheux
nous, que celui où, le jour venu de la ducasse,
toute pauvre mère coupera sur la grande table

un morceau de la grande galette pour son fils soldat, et où elle le mettra dans la grande armoire pour le consulter chaque mois sur le sort de son enfant!

Et l'argent pour faire la guerre? Nous nous plaignons des quarante-cinq centimes. Nous en verrons bien d'autres avec M. Louis Bonaparte.

Voulons-nous être raisonnables? voulons-nous garder nos fils, sauver le berceau de nos petits enfants, la tombe de nos aïeux, notre bien, le sol, la patrie? ne nommons pas le descendant de l'ex-roi de Hollande. Il est encore moins digne de nos suffrages que son père ne l'était des bienfaits de l'empereur. Napoléon ne voudrait pas le reconnaître pour son neveu, tant il n'a rien de lui, ni même de la famille! Je l'ai vu: il m'a fait l'effet du gars au père Lelioux, quand il est revenu de sa secrétairerie d'ambassade à Vienne. Je sais bien qu'il porte un habit vert, mais l'habit ne fait pas le grand homme; et il se coifferait du petit chapeau, qu'il ne ressemblerait pas davantage à Napoléon. Je sais bien aussi les choses impossibles qu'on proclame en son nom; mais tout cela, c'est de l'eau bénite de cour, et, comme on connaît ses saints, on les honore. Ce nom dont il se vante et qu'il justifie si peu, c'est de la poudre aux yeux, et nous ne voulons pas qu'on nous aveugle. Qui sait ce qu'on ferait de nous quand nous n'y verrions plus ?

Si M. Louis Bonaparte veut absolument régner quelque part (car de président il demanderait à passer empereur, l'appétit vient en mangeant), qu'il aille reconquérir la Hollande, et qu'il la gouverne un peu mieux que n'a fait son père : c'est son père qui est cause qu'elle n'est plus française.

Pour moi, si je tenais à placer un parent de Napoléon à la tête de notre gouvernement, j'aimerais mieux aller chercher sur son banc, à l'Assemblée nationale, Pierre Bonaparte, le fils de Lucien, ou Napoléon Bonaparte, le fils de Jérôme. Celui-ci du moins a quelque chose du visage de son oncle, et s'il suffit de ressembler plus ou moins à l'empereur pour être chef de l'État, voilà mon affaire. De plus, son père n'a eu à se reprocher que des peccadilles, en comparaison des fautes, plus que graves, commises par l'ex-roi de Hollande. Pierre Bonaparte tient aussi de la famille, quoique moins visiblement. En outre, et sauf au 18 brumaire, son père a toujours été un honnête homme. L'un et l'autre, enfin, sont les neveux bien avérés de Napoléon, et l'on ne dit point de mal de leur caractère. Pourquoi ne nommerais-je pas l'un des deux plutôt que M. Louis Bonaparte, qui ne m'est connu que par des légèretés condamnables, des tentatives folles, et même des attentats contre la France ? A toute force je voterais préférablement encore pour le fils de Murat, qui, par sa mère, est aussi neveu de l'Empereur. Quant à l'autre, à celui qui se présente, au Hollandais, je croirais, en le nommant, insulter à Napoléon, à ses malheurs, à sa gloire, à la nôtre, à la France, à tout ce qu'il y a de plus sacré. C'est comme si on me proposait, pour administrer mes biens et faire respecter mon honneur, un homme dont le père aurait fait mourir le mien !

Si l'empereur revenait nous visiter un instant, mes amis, je sais bien ce qu'il nous dirait.

Il nous dirait (car c'était un sage homme, en même temps qu'un grand capitaine) : « laissez là ma famille, elle ne vous a jamais servis, elle ne vous servira jamais. Elle m'a donné assez de chagrin pendant ma vie ; je ne veux pas que les fautes nouvelles qu'elle ne manquerait pas de faire viennent troubler le repos de mon éternité. A cause de moi, vous avez rappelé mes parents en France : c'est assez. Qu'ils y vivent ;

s'ils peuvent, en honnêtes bourgeois : ils ne sont pas de force à être autre chose. Mon nom est mort avec moi ; si vous voulez le garder pur dans vos cœurs, empêchez qu'aucun des miens tente de le ressusciter, il l'abaisserait aux yeux du monde, et ceux qui restent des anciens jours en mourraient de douleur. »

Il nous dirait encore : « Les temps de l'Empire sont passés. Moi-même, si je revivais aujourd'hui, je ne voudrais plus être empereur. Acceptez la République que je vous ai prédite de Sainte-Hélène. L'Europe va vous suivre. Quelques jours de patience, et vous verrez qu'il n'est pas un meilleur gouvernement. J'aurais voulu, comme simple citoyen, contribuer à le fonder. »

Maintenant, c'est moi qui parle.

Je ne songeais pas plus que vous à la République il y a neuf mois. Mais, puisque la voilà, je m'y range. On peut bien se mettre d'un parti que Napoléon lui-même a prophétisé comme nécessaire. D'ailleurs, autant vaudrait essayer de prendre la lune avec les dents que de chercher à établir un autre gouvernement aujourd'hui. Vous n'auriez pas plutôt proclamé l'empire, ou la royauté absolue, ou la royauté constitutionnelle, Louis Bonaparte, ou le duc de Bordeaux, ou le prince de Joinville, qu'il y aurait une nouvelle révolution ; et ce serait tous les jours à recommencer ! et je trouve que nous avons bien assez de tous ces tintamarres !

Si vous me demandez mon avis sur le choix du président à élire, je vous répondrai que, pour mon compte et jusqu'à cette heure, je me sens porté vers le général Cavaignac. Il a contribué, par ses beaux faits d'armes, à nous donner l'Algérie, qui est un bon écoulement pour nous. Au 24 juin, il a sauvé la France de l'anarchie et du pillage. Il a toujours bien parlé pour l'ordre et contre les partageux. Dès qu'il a été à la tête du pouvoir, les choses ont un peu mieux marché : ce m'est un signe que, si on l'y tenait pour un peu plus de temps et en manière définitive, elles marcheraient tout à fait bien. Il est aimé et estimé de tout le monde, chez nous et au dehors. Le soldat le connaît. Il n'a pas de famille à placer à nos dépens. Ce n'est pas comme l'autre qui promet plus de beurre que de pain. Celui-ci a toujours tenu plus qu'il n'a promis.

En fin de compte, qu'est-ce que je demande ?

Je demande à travailler et à vivre tranquillement. Qu'on encourage l'agriculture : j'aurai du blé pour mon moulin. Que le commerce reprenne : j'aurai de l'argent contre mes farines. Je ne fais pas d'autres conditions au général Cavaignac, et, sur ce que je sais déjà de lui, je vois qu'il les accepte. Donc, il sera mon président.

A moins, mes amis, que vous n'ayez mieux à m'offrir.

La Ferté (Seine-et-Marne), 15 novembre.

ANTOINE *meunier*.

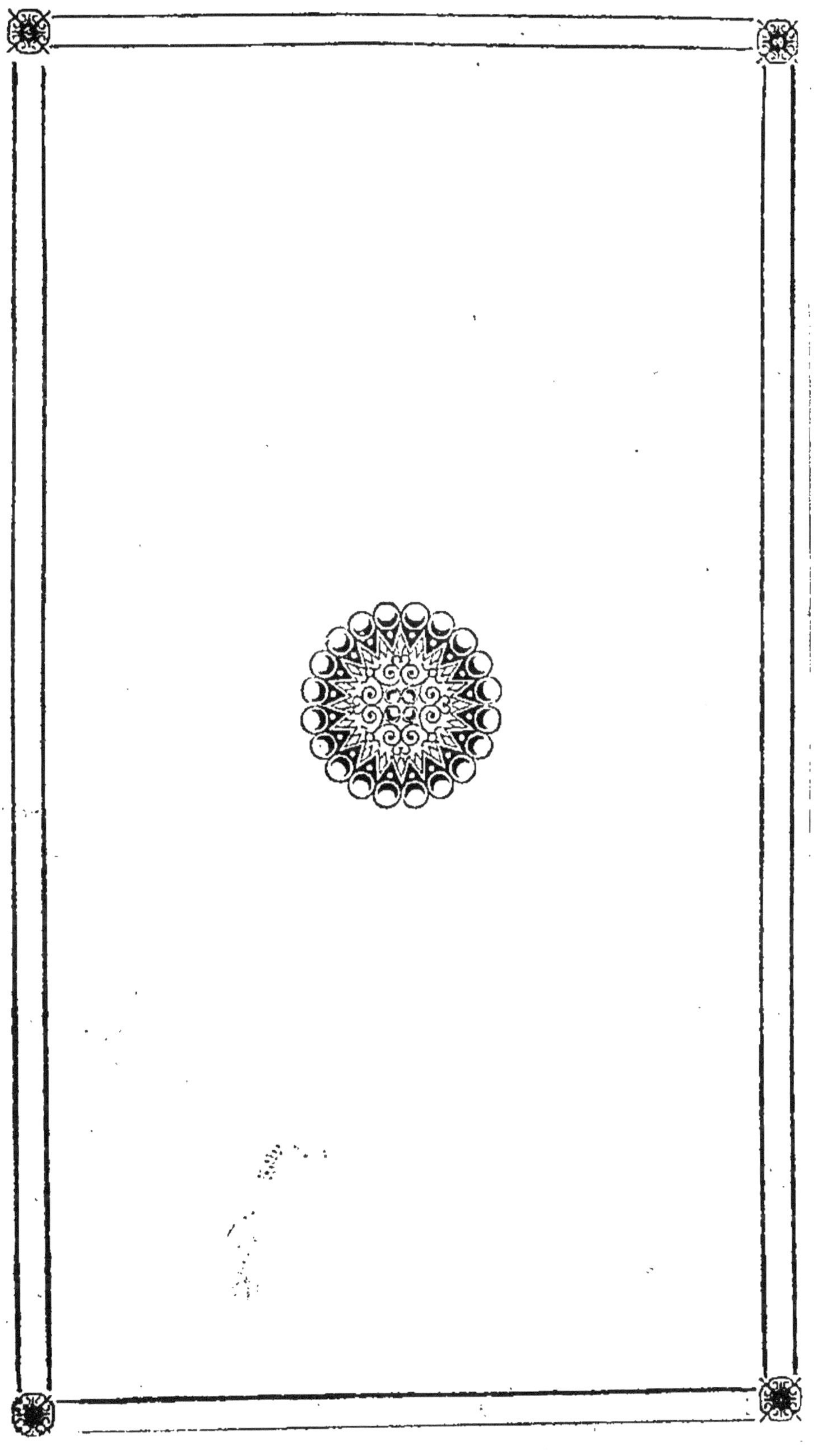

9 782012 956704